改訂版

消費税は減税できる！

インボイス制度は
実質増税だ！

森下正勝
MORISHITA Masakatsu

文芸社

巻頭の言葉

名にし負う
詩《うた》に残りし
ヨコハマの
命繋がん
みんな
手をとり

道に迷ったら　もとの道に　もどってみよう

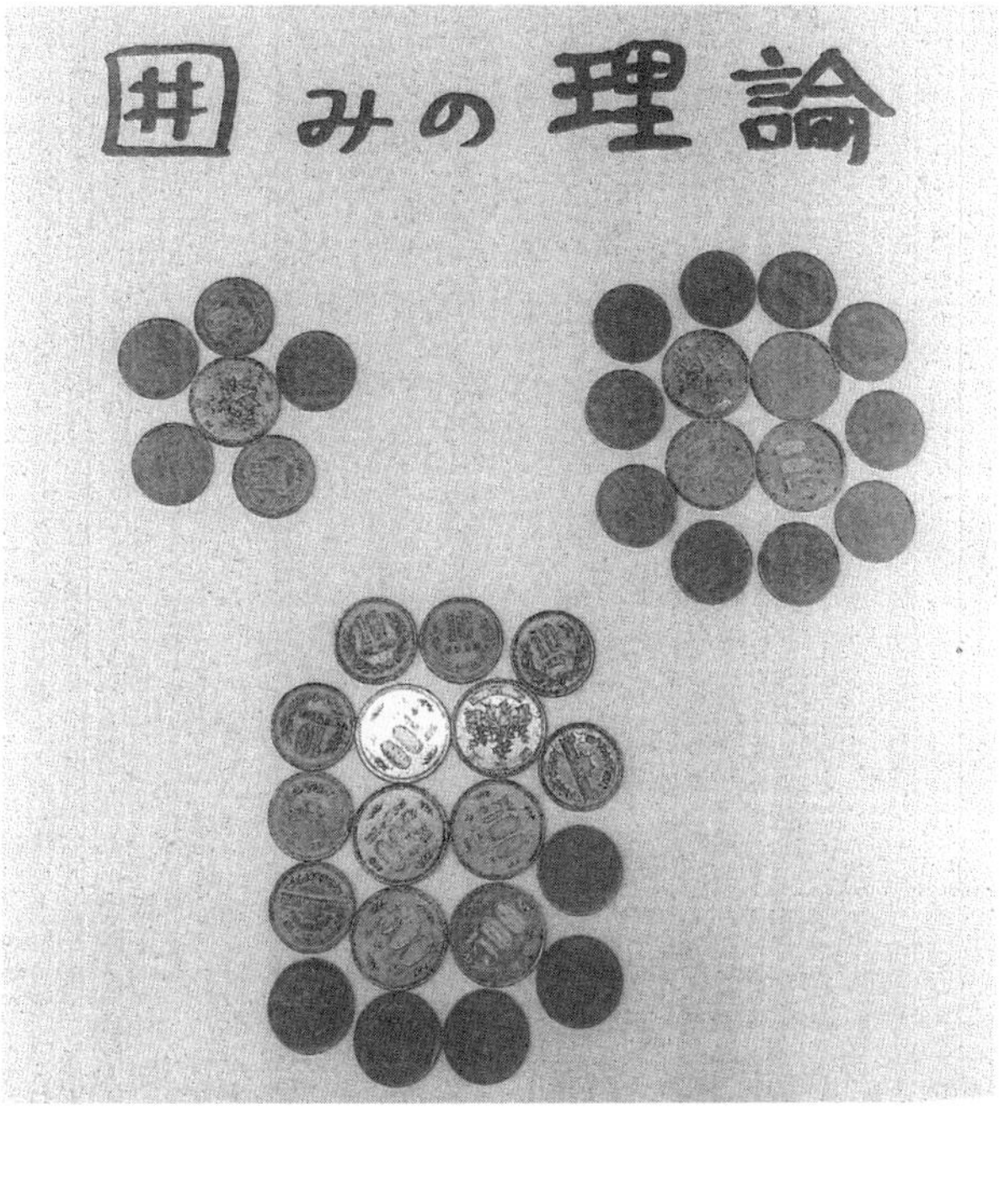

まえがき

時に令和4年7月初め。参議院選挙の真っ只中、各政党の政策を新聞で読むに、
〇〇〇反対↓じゃ対案は？
〇〇〇反対↓じゃ対案は？
〇〇の減税↓財源をどう捻出？
〇〇の減税↓どの財源を使うの？
〇〇の政策に補助金↓財源をどう捻出するの？
バカバカしくなって新聞を放り出し、暫し黙想す。

風のように面白く読める小説と違って、以下屁理屈、理屈、詭弁が混ぜ合わさったレポート論文です――どうか宜しくお願いいたします。

まえがき

消費税の減税はできる――

日本国の税収が60兆円くらいなのに対し社会保障費が35兆円以上使われている現状。

まさに税収の６割近くが社会保障費に使われています。

皆さんこの現状をどう思いますか。

国家として異常事態ではありませんか。

国税を国民が納めていながら、国は国債（国の借金）をドンドン増やしている。

国家管理が国家政策が悪すぎるのではありませんか。


本書では、現在の日本社会の抱える問題を過去に遡りつつ、将来に向けて、その解決方法のヒントを提言したつもりです。

日本社会が曲がり角にいる今、我々が何をなすべきか、それを考えるきっかけになれば、これほど嬉しいことはありません。

目次

第一章　インボイス制度は必要なのか？

20年前、私は勉強がしたくて、神奈川大学法学部（夜間）に入学しました。その時、60歳でした。

ちょうどその頃、国内総生産、いわゆるＧＤＰは５００兆円余りでした。その時の国家税収が、約45兆円。【図１】

単純計算で言うと、名目ＧＤＰに対して、国税収入の比率は９・０パーセントでした。

2004年	
名目GDP	502兆円
国税収入	45.6兆円
2022年	
名目GDP	562.7兆円
国税収入	71兆円

図１　名目GDPは内閣府資料
国税収入（一般会計税収）は財務省資料

さて、この対比で、約20年後の現在は、どうなっているか、皆様ご存じでしょうか？

二〇二二年、名目ＧＤＰは約５６０兆円、国税収入は、なんと71兆円になっています。つまり、比率は12・６パーセントです。９・０パーセントから、12・６パーセントに増えています。実に１・４倍です。

　この他に、調べれば、県民税、市民税があります。【図2】
　そして社会保険料です。この概数を見ただけで、可処分所得の推移が身の毛もよだつようです。【図3】

地方税収(県民税・市民税含む)	
2003年	32兆円
2022年	43兆円

図2　総務省資料より

　また、消費税に関して言えば、3パーセント導入の時所得・売上3000万円以下の者は免除ということで、3パーセント消費税が導入されました。それが時代とともに2000万円となり、1000万円となり、並行して、消費税が5↓8↓10パーセントと増えていったわけです。

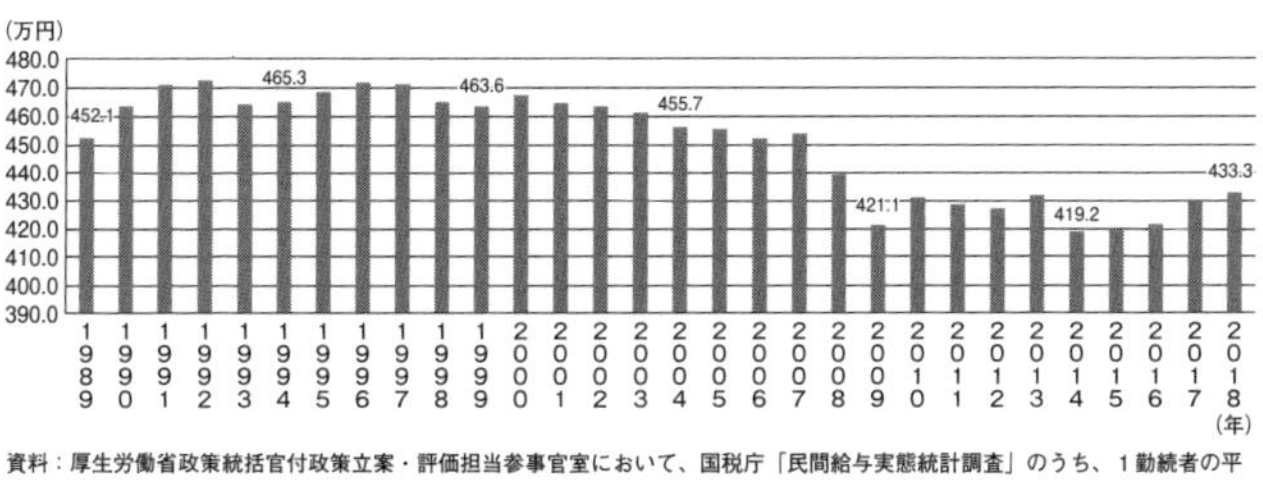

資料：厚生労働省政策統括官付政策立案・評価担当参事官室において、国税庁「民間給与実態統計調査」のうち、1勤続者の平均給与を2015年基準の消費者物価指数（持ち家の帰属家賃を除く総合）で補正した。

図3　厚生労働省　厚生労働白書より

ここで改めて、消費税の歴史を振り返ってみます。

一九七五年　オイルショックの影響で赤字国債発行（その後常態化する）

一九七九年　第35回総選挙において大平正芳が一般消費税（税率5パーセント）の導入を打ち出すが、自民党が過半数割れに追い込まれる大敗を喫する

一九八四年　中曽根康弘が、自身の内閣においては大型間接税の導入は避けたいと答弁

一九八七年
一月　中曽根首相が税制改革の必要性を強調
五月　売上税廃案を確認する国対委員長会談

一九八八年
七月　消費税導入呼び掛ける自民党
十二月　導入を打ち出してから9年、消費税法成立
消費税導入を柱とする税制改革関連6法案が、参院本会議で社共両党欠席のまま、
自民の賛成多数で可決、成立

一九八九年　四月消費税3パーセントでスタート

一九九七年　5パーセントに税率アップ

二〇一四年　8パーセント

二〇一九年　10パーセント

政府与党は、つねに支持率や選挙を意識しつつ、消費税を導入、税率アップしてきたわけです。

そうして今、国会で成立したインボイス制度が始まったわけです。この制度は、いわば、税率変更を伴わない消費税増税。インボイス制度は、小規模企業やフリーランス、とりわけ地方経済に打撃を与える恐れがあります。労働力、材料、商品の納入に対する税なのです。

それなのに、国政選挙で大きな争点になった記憶が、国民の中にありますでしょうか？　事実上、30年の間に5度消費税アップなのです。お金が足りないから消費税を増税する。付け焼刃以外のなにものでもありません。それらは結局、足りない社会保障費なのではないですか？　個人が納める税金、つまり消費税が皆社会保障費に消えていく。

「インボイス制度とはなんですか？」と10人に聞いても内容を正確に理解している人が何人いるでしょう？　ほとんどいません。それよりもインボイスという言葉自体を知らない人がほとんどでしょう。正確に答えられる人は、１００人に聞いてもやっと２〜３人程度ではないでしょうか。自分がインボイス制度の対象になっていることを、自覚できていない人もいると聞きます。

それほど国民に周知されていないのに、あるいは説明が不足しているのに、財務省の人と、インボイスを理解していない代議士は、導入に踏み切っているのです。【法律で決まったことだから】と実行しようとするわけです。選挙で不利にならないよう、税率を変更せずに、こっそり増税したわけです。

この20年、国民はずっと追い込まれ続けているのです。

さらに今、「退職金」の増税や「通勤手当」への課税など、いわゆるサラリーマン課税なるものについて画策しているという話です。

為替の影響なども含め、物価の上昇の中、これ以上国民の負担を増やす前に、歳出の徹底した削減を意識すべきです。どうしたら、歳出を減らすことが出来るかを……。

約２５０年前の上杉鷹山を思い出してみましょう。米沢藩の財政難に直面した鷹山の政策は、武士も役人もみんなで田畑の開墾をし、働き、質素倹約を奨励し、心掛けたものでした。自らも粥を食したといいます。みんな自助互助で協力しあい、農村を復興させてこの財政難を乗り切ったのです。個人の秘密保護や個人の権利を重視し、家族の分断が進む今の日本と比べると、正反対です。

一九六一年、アメリカのケネディ大統領が就任した時、日本人記者が質問したそうです。「日本の政治家で尊敬する人は？」と。ケネディ大統領の答えは「YOZAN UESUGI」だったといいます。その時、多くの日本人は、上杉鷹山を知らなかったので、大変驚　にそうです。「民は藩主の私物ではない」という言葉を残した上杉鷹山は　「本よ　界で知られていたのでしょう。現代日本のお手本にすべきではないでし

品物を買っては取られる消費税
品物を売っても納入しても取られる消費税

こんなに国民からお金をとっても政府にお金が足りない。国債の発行は止まらない。将来に負担を残し、果たして勝算はあるのでしょうか。国債を発行すればするほど、円の価値は下がり、輸入コストが上昇します。結果、物価は上がり続けるのです。本当に、先を見据えた歳出になっているのでしょうか。鷹山がやったような財政の健全化を図り、国民の負担に頼るのではなく、国家の成長率を上げるような政策に、予算が回るようにすべきなのです。このままでは、国民負担は増える一方。成長など見込めるはずもないのです。

いくら消費税を上げても、家族の人数が減ればお金が必要になります。ましてや社会保障費は生産財政支出ではなく消費支出ですから、お金は一銭も戻ってきません。

ドブの中にお金を投げ込むだけです。

こんな政策であることがお分かりではないのですか。

これと同じくインボイス制度による消費税の増税。

これは日本の小企業を壊してしまう、そして個人労働者を殺してしまう制度です。

これはもはや政治ではありません。物価は上がる。税金は大増税。やっていられません。

「取れるところから取る」の方策でしかありません。ヤクザのミカジメ料以上です。

まずはインボイス制度を廃止にすべきです。


消費税のインボイス制度をご存知ですか?


適格請求書（インボイス）とは、売手が買手に対して、正確な適用税率や消費税額等を伝えるものです。

具体的には、現行の「区分記載請求書」に「登録番号」、「適用税率」及び「消費税額等」の記載が追加された書類やデータをいいます。

　インボイス制度とは、

〈売手側〉

　売手である登録事業者は、買手である取引相手（課税事業者）から求められたときは、インボイスを交付しなければなりません（また、交付したインボイスの写しを保存しておく必要があります）。

〈買手側〉

　買手は仕入税額控除の適用を受けるために、原則として、取引相手（売手）である登録事業者から交付を受けたインボイス（※）の保存等が必要となります。

（※）買手は、自らが作成した仕入明細書等のうち、一定の事項（インボイスに記載が必要な事項）が記載され取引相手の確認を受けたものを保存することで、仕入税額控除の適用を受けることもできます。（国税庁ＨＰより）

　インボイス制度は、大きな問題をかかえています。

１千万円以下の納入業者も消費税10パーセント払うべし、ということです。要は事実上の税率アップなのです。この33年間で５回も税率を上げることになったのです。

一九八九年消費税導入当時、年商３千万円以下の業者は消費税が免除でした。それが、二〇〇四年から年商１千万円以下に変わりました。

そしてそれが今、１千万円以下の業者も全て消費税10パーセントを払え、もし納入業者が支払わない時は、それを仕入れている中小業者が10パーセント支払え、になるのです。

日本国の半分以上が農業・零細・小企業・個人業者です。それらの事業者が、材料費、人件費などを支払って、さらに10パーセントの税を払え、ということになるのです。

大・中企業は、当然仕入単価の安い業者と取引します。消費税分を上乗せして単価が高くなると、当然取引中止になり、零細・小企業は仕事を失うことになります。

つまり、国民の半数が、課税事業者、もしくは取引から除外されます。

・中小企業の従業者　3、220万人（2016年）
全企業359万社の内　358万社　99・7％（2016年）

・個人労働者
　職人　505万人（2020年）
　農業人口　152万人（2020年）
　販売農家数　113万戸（2019年）

農業従事者は、納入業者として消費税インボイス制度の対象となるのではないですか。農協・全農に納めれば当然インボイス制度対象納入業者ですよね。

ただ、農協などに卸す場合は委託販売となり、農家に不利とはならないようです。

医者もそうですが、なぜ農家だけ特別なんでしょうか。格差ですか。ずるいですね。

また、レストランに直接販売する場合は、課税事業者で原則課税を選択しているレストランの場合は、消費税を要求されます。

この税制、平等じゃないですね。

ここで大きな声で言います。

日本の国は国民一人あたりの課税率は世界一です。皆さん、知っていますか。

日本の国ってこんなものなんです。

それでもお金が足りない。増税だ！　そして国債の大発行だ！

みなさん、**おかしくありませんか？**

もうひとつ触れなくてはならないのが、特別会計の話です。

国の会計は、毎会計年度における国の施策を網羅して通観できるよう、単一の会計（一般会計）で一体として経理することが、財政の健全性を確保する見地からは望ましいものとされています。これを予算単一の原則（単一会計主義）と言います。

しかしながら、国の行政活動が広範になり複雑化してくると、場合によっては、単一の会計では国の各個の事業の状況や資金の運営実績等が不明確となり、その事業や資金の運営に係る適切な経理が難しくなりかねません。このような場合には、一般会計とは別に会計を設け（特別会計）、特定の歳入と特定の歳出を一般会計と区分して経理することにより、特定の事業や資金運用の状況を明確化することが望ましいと考えられます。

以上の趣旨から、我が国の会計は、「財政法」の規定において、一般会計の他に、特定の歳入・歳出をもって一般会計とは経理を別にする特別会計を設置することとしています。

令和三年度においては、経過的なものも含めて、13の特別会計が設置されています。

（財務省のＨＰより）

特別会計とは、政府各省庁が手が回らない仕事を下請に出しているということでしょうか。

または、役人の定年後の天下り先を作っているのでしょうか。

国会・国民の目には特別会計の情報は入ってきません。

とにかくお金の無駄使いです。

全ての特別会計部門を廃止するか、商業ベースにして赤字部門は廃止するよう行政命令を出して下さい。

この国家大赤字の時に、お恵み行政、施し行政は止めて下さい。

第二章　戦後日本の光と影

戦後まもなくの日本

まず、話は現在に繋がる、戦後まもなくの日本から始めたいと思います。

時は、今から77年前、一九四五年（昭和二十年）、太平洋戦争後の日本。ＧＨＱ、アメリカを中心とする占領軍に支配されていました。ＧＨＱ本部は、その立地から、通称お堀ばたとよばれていました。

中心人物は、いわずと知れた連合国軍最高司令官ダグラス・マッカーサー元帥です。

その占領下において、日本は一九四六年、日本国憲法を公布、平和主義と並んで、国民主権や基本的人権の尊重などがクローズアップされました。

いわく、

人間は自由であり

人間は平等であるべきである。

生活環境も平等にすべきである。

と。

またその考えの流れの中で、農地の所有制度の改革をめざし、小作制度をなくす対策が取られました。世にいう「農地改革・農地解放」です。

農地解放とは大地主が持っている田畑で、小作人がたがやしていた田畑を格段に安い値段でその小作人に売り渡した政策でした。

一方、経済面で言えば、物資を作る人間が大勢兵隊に行ってしまったために、戦後の日本には生活物資が少なく、生産能力は下がっている状況で、日本の兵隊は敗戦でドンドン日本に帰ってきました。生産以上に消費されるのですから、当然のようにインフレは過熱、生活物資の価格は次々と上昇しました。その状況は、単なるインフレではなく、「ハイパーインフレ」であったとも言われています。日本の物価の上昇は、大きいもので一〇〇倍にもなってしまいました。今まで1銭だった物が1円になってしまったのです。

この日本経済に対処すべく、マッカーサー元帥は二人の重要人物を本国アメリカから呼びよせました。この経済を立て直す為の人物、それはデトロイト銀行のドッジ頭取、コロンビア大学のシャウプ教授です。

まず、ドッジの政策は緊縮財政であり、インフレ抑制など、日本経済の自立を目指したものでした。要約しますと、

・赤字前提の国家の支出（赤字国債）は禁止

・特別会計のおめぐみ補助金は禁止

・1ドル＝３６０円の固定レート

こんな政策を行いました。それは、「ドッジライン」という名称でも有名です。

一方、シャウプ教授は「シャウプ勧告」で有名です。日本の税制改革を主に実行しました。その中でも、贈与税・相続税は、財閥等への富の集中を防ぐため、最高税率

を高くしました。相続税の税率が高く改正されたため、昭和二十五年から大きな土地が中くらいの土地、大家族が中家族とドンドン小さくなっていきました。

大きな土地建物、中くらいの土地建物は、戦後75年間にわたって、田畑を含め半分にまた半分に……となってしまい、８人～６人家族は６人～４人へと減ってしまったのです。

ときに、分家するにあたり、田畑山を分与させ、１００坪の土地を分けるのに、その本家は２００坪必要でした。１００坪は税金として売却したのです。

　シャウプ教授のやったのは直接税中心で、相続税・贈与税です。

またそれ以外にも、地方の財政が疲弊していたため、地方税制改正を実行しました。

日本には明治時代から地租（土地に対する税金）や家屋税（住宅に対する税金）がありましたが、地租や家屋税を統廃合し、原則市町村税として、固定資産税が創設されたのです。地方自治体の財政強化をこころみたのでした。この固定資産税が高かったのです。個人地主は高額すぎてもちきれませんでした。

そんな、社会制度や価値観が激変していく時代でした。

その時代を思うと、私は、戦前の日本文化を象徴するような川端康成の『雪国』と、石坂洋二郎の小説『青い山脈』を思い出します。

川端康成の『雪国』の物語の中には、戦前の日本の男と女の恋がつつましく書かれています。芸者駒子（十九歳）と男島村の恋物語です。

ところは新潟県の越後湯沢温泉です。

駒子と島村の日本の戦前の男と女の交際。

さもあらん、こんな風な男女交際であったのであろうと思わせる小説です。

暗い廊下を歩いて風呂場に行く島村、それを待って居る駒子、その人情の機微、まさに戦前から紡がれたこの日本を代表する小説は、戦前日本の原風景のように思うのです。

かたや石坂洋次郎の『青い山脈』は映画にもなりました、戦後の新しい時代、マッカーサーの統治する日本、自由と平等を表に出した政治を映し出しているように思います。
主題歌も大ヒットしました。

「青い山脈」

若くあかるい 歌声に
雪崩は消える 花も咲く
青い山脈 雪割桜
空のはて
きょうもわれらの 夢を呼ぶ

古い上衣《うわぎ》よ　さようなら
淋しい夢よ　さようなら
青い山脈　バラ色雲へ
あこがれの
旅の乙女に　鳥も啼く

と唄われたあの歌です。


その時代の申し子として寺沢新子が体現しています。

女子高生の新子。

自分の家から持ち出したお米を町の駅前の商店に売りに来た新子（戦前では考えられない女子高生の行動です）。

その商店の店番をしていた旧制大学予科の六助。

新子のお米を買い取る場面の言葉のやりとり、そして六助が新子にたのんで店の奥の台所でそのお米を炊いて昼ごはんを作る話のくだり、まさに胸ワクワクするような話の運びです。

やがて新子が六助の大学のテニス場で六助とテニスをやる場面。

戦前では考えられない場面を、ハツラツとした新子、そして六助を通じて描いています。

これがマッカーサーの言う自由と平等なんだ、明るい日本なんだ！　と、「青い山脈」の読者は彼女らの姿を通じて体感するのです。

戦後日本の社会経済

さて、話を戦後日本の社会経済実態に戻しましょう。

戦争で疲弊した日本は、統制経済のもと、食糧難でお米は少なく、国民には配給制度というものがあり、少ししかお米は買えませんでした。米穀配給通帳があって、その通帳をもって指定された数少ないお米屋さんに行ってお米を買うのです。

戦争中、ドンドン戦地へお米を送りました。

そして戦後――今度は戦地から兵隊さんがドンドン日本に帰って来ました。

お米はもとより生活物資は、生産者である労働者が戦争に行っていたのだから、当たり前、生活物資は作られていません。

物資の少ない戦後――それを消費する人間は多数、今まで１銭だった物は１００倍の１円にもなって、まだまだ値上がりしていました。

東京の上野駅は、闇市《やみいち》といって、栃木・埼玉・千葉・東北などから、統制経済から逃れてお米を売る人、お米を買う人々（主に女性）が市《いち》をなしていました。

その中には警察もいて少々取り締まりもやっていました。

それが当時の日本のあたりまえの風景でした。

そんな時代、私の生まれ育ったそして生涯を過ごす「ミナト横浜」の戦後復興の実態はどうだったのでしょうか。

小学校にあがる前の、四、五歳頃（昭和二十三年頃）だったでしょうか。

横浜市南区井上ケ谷の町から、おじいちゃんの自転車に乗せてもらって、南区通《とおり》町《ちょう》、宮元町、中区阪東橋を通って伊勢佐木町、関内へと連れて行ってくれました。

中区地区は何もなく、コンクリートのガラが敷きつめ散らかっていました。

中区の丘までは、何もなく、横浜のミナトのむこうまで見えました。

世に言う関内牧場です。

当時の私は、時代の判断が全く出来ない五歳です。

でもその景色だけは良く覚えています。

ただ見ているだけでしたが。

家に帰って家の中を見れば、道路側は30センチ四方のます形のガラスの入った板戸。

粗末な板戸でした。

家の中は60ワットの電球が1個あるだけ。

100ワットの電球など、電気代も高く、配給制度なのでとんでももナイ……そんな時代。

屋根もハメもトタン1枚の家でした。

雨が濡れてこない、雨が入ってこない、そんな家です。当時はそれでよかったのです。

そんな中、おじいちゃんの言葉が頭の中にこびりついています。おじいちゃんはいつも、

「税金が高い、税金が高い」

とこぼしていました。——これが戦後の国家経済政策なんですね。

もう一つの記憶は、昭和二十二年です。母に連れられて横浜駅に行くことになりました。

どう行ったか覚えていません。

母は戦争から帰って来る父を迎えに横浜駅に行ったのです。

広くて暗い電気の点いていない横浜駅。

その駅のあたりを右へ行ったり左へ行ったり。

結局父には会えませんでした。

ただ、横浜駅は暗かった……。

戦後の庶民は、これが当たり前でした。

戦後の復興の中、庶民は「青い山脈」を夢見ながら戦後を耐えて生きていました。

その景色から15年後、関内港町

昭和20年撮影 横浜港（横浜市史資料室所蔵）

に立派な横浜市役所（市庁舎）が出来たと新聞報道にありました。
それと並行するように関内地区は建物で埋めつくされました。

自由と平等と復興の中……

第三章　なぜ増える　社会保障費の謎

社会保障費の増加

江戸末期・明治・大正と日本の独立を守った人達。

日本人の意地を教育され、それを体現し、江戸末期の植民地支配の外国勢力（イギリス、アメリカ、ロシア）と戦い、日本の独立を守った人達。

明治時代の日清戦争、日露戦争、大正時代の第一次世界大戦、そして昭和の第二次世界大戦と、戦いぬいて日本を守った人達が少しずつ減っていきます。

そして徐々に日本の政治経済、教育そして文化は変わっていきました。

吉田茂・鳩山一郎・岸信介・池田勇人・佐藤栄作首相までは、戦前の気風が残っていたようです。

ここで初めて書きます。社会保障費――。昭和四十年佐藤内閣までは、国家支出の1パーセントもありませんでした。この1パーセント以下の税金で、さまざまなこと

郵便はがき

料金受取人払郵便

新宿局承認

2525

差出有効期間
2025年3月
31日まで
（切手不要）

160-8791

141

東京都新宿区新宿1－10－1

(株)文芸社

愛読者カード係 行

ふりがな お名前		明治　大正 昭和　平成　年生　歳	
ふりがな ご住所	□□□-□□□□		性別 男・女
お電話 番　号	（書籍ご注文の際に必要です）	ご職業	
E-mail			
ご購読雑誌(複数可)		ご購読新聞 新聞	

最近読んでおもしろかった本や今後、とりあげてほしいテーマをお教えください。

ご自分の研究成果や経験、お考え等を出版してみたいというお気持ちはありますか。

ある　　ない　　内容・テーマ（　　　　）

現在完成した作品をお持ちですか。

ある　　ない　　ジャンル・原稿量（　　　　）

書　名			
お買上 書　店	都道　　市区 府県　　郡	書店名 ご購入日	書店 年　月　日

本書をどこでお知りになりましたか?

1.書店店頭　2.知人にすすめられて　3.インターネット(サイト名　　　)

4.DMハガキ　5.広告、記事を見て(新聞、雑誌名　　　)

上の質問に関連して、ご購入の決め手となったのは?

1.タイトル　2.著者　3.内容　4.カバーデザイン　5.帯

その他ご自由にお書きください。

(　　　　)

本書についてのご意見、ご感想をお聞かせください。

①内容について

②カバー、タイトル、帯について

弊社Webサイトからもご意見、ご感想をお寄せいただけます。

ご協力ありがとうございました。

※お寄せいただいたご意見、ご感想は新聞広告等で匿名にて使わせていただくことがあります。

※お客様の個人情報は、小社からの連絡のみに使用します。社外に提供することは一切ありません。

■書籍のご注文は、お近くの書店または、ブックサービス(0120-29-9625)、セブンネットショッピング(http://7net.omni7.jp/)にお申し込み下さい。

が行われていました。そして時代が移りました。

・国民の自由と平等
・資産の平等
・所得の平等
・生きるための個人情報の保護

生活に困れば役所に行けば生活の援助、お助け保護をしてくれる、つまり生きる権利＝生活保護。

働かなくても生活に困れば役所に駆け込めばお金がもらえる。こんな楽なことが、こんな勝手気ままなことが無料で出来るはずがないですよね。

戦後、堰を切ったように社会保障費が急上昇しました。

昭和四十年を過ぎる頃、家族の人数が4人を切るようになりました。昭和五十年は3・19人、平成二年は2・78人、平成十七年は2・38人です。

社会風潮は人間の独立。いい言葉ですね。でも、裏があったのです。
そして社会保障費は急増大、27兆円超えに……。

社会保障費の急上昇。この現象なんなんでしょうね。
この問題を調べてみましょう。

社会保障費は、家族人員数が減るのと反比例して急増加しています。
ここまでくれば、皆さんお気づきでしょうか。

自由と平等、生きる権利、財産の平等、個人情報の保護といった政策。
この政策は、タダ（無料）ではありません。
もの凄いお金がかかるのは常識でしょう。
自由と平等、生きる権利には莫大なお金がかかります。
ほんとうにお金がかかるんです。

こんなことは一職人、一凡人でも分かります。

東大法学部卒の役人さん、とっくに分かっていますよね。
政治家の皆さん、とっくに分かっていますよね。
大学の学者さん、とっくに分かっていますよね。
新聞社さん、例外のビックリニュースだけではなく、時代の報道もして下さい。

では何故、今まで論文・記事・報道が出ていなかったのですか。
困った困った大問題です。
社会に警鐘を鳴らす人物はいないんですか。
警鐘を鳴らして下さい、政治家さん、新聞社さん。

総論と総論をぶつけあって論議して下さい。
「例外論を以て総論とぶつかることなかれ」

67年前、**国家会計支出**は1兆円以下でした。今、令和の時代100兆円、**国債買戻し**は23兆円です。0.1兆円だった**社会保障費**は今36兆円を超えています。

平成22年	平成23年	平成24年	平成25年	平成26年	平成27年	平成28年	平成29年	平成30年	令和元年	令和2年	令和3年
92.2	92.4	90.3	92.6	95.8	96.3	96.7	97.4	97.7	101.4	102.6	106.6
20.6	21.5	21.9	22.2	23.2	23.4	23.6	23.5	23.3	23.5	23.3	23.7
27.2	28.7	26.3	29.1	30.5	31.5	31.9	32.4	33.1	34	44.7	36.4

67年前、**国債発行額**は0円でした。今は40兆円を超えています。

平成22年	平成23年	平成24年	平成25年	平成26年	平成27年	平成28年	平成29年	平成30年	令和元年	令和2年補正後予算	令和3年予算
41.4	42.8	43.9	46.9	53.9	56.2	55.4	58.7	60.3	58.4	55.1	57.4
42.3	42.7	47.4	40.8	38.4	34.9	38	33.5	34.3	36.5	112.5	43.5
100.5	109.9	107.7	106	104.6	102.1	102.7	103.6	105.7	109.1	175.6	106.6
636.3	669.8	705	743.8	774	805	830	853	874	886	946	991.4

（財務省資料より）

一般会計歳出の推移（単位・兆円）

	昭和30年	昭和40年	昭和50年	昭和60年	平成7年	平成15年	平成20年	平成21年
一般会計歳出総額	0.99	3.6	21.2	52.4	70.9	81.7	83	88.5
国債買い戻し額	0.043	0.02	1	10.2	13.2	16.7	20.1	20.2
社会保障関係費	0.1	0.5	3.9	9.5	13.9	18.9	21.7	24.8

一般会計実際歳入（単位・兆円）

	昭和30年	昭和40年	昭和50年	昭和60年	平成7年	平成15年	平成20年	平成21年
租税総収入	0.7	3	13.7	38.1	51.9	43.2	44.2	38.7
国債発行額	0	0.19	5.2	12.3	18.3	35.3	33.1	51.9
一般会計の実行予算	1.1	3.7	21.4	53.9	80.5	85.6	89.2	107.1
公債残高		0.2	14.9	134.4	225.1	456.9	545.9	593.9

99点の人間が1点の欠点があるといって、「この99点の人間が全てダメ」式の論議はやめて下さい。野党の論調ですね。

95点の人、または95点の政策は大変立派なのですから。ダメ人間ではないのです。立派な人間、政策です。

Ｎｅｗｓは例外論であるから、めずらしく、珍重されるのでしょうが、けっして世の中の総論ではありません。

この例外論がジワジワと威力を発揮してきて、令和四年の今、日本国を、日本経済を、こわそうとしています。国民も役人も政治家もわかって下さい。

家族の人数と社会保障費

繰り返します。家族の人数と社会保障費をみてみると、昭和四十年、家族の人数が４・１人、社会保障費は０・５兆円弱でした。昭和五十年は３・19人、平成二年は

２・78人、平成十七年は２・38人、社会保障費は平成二十二年に27兆円超えと、国家税収の６割近くにも達しています。

ここまできたら、今の日本では、

「個人の自由と平等、資産の平等、個人の勝手気まま
１億人の国民の孤立を助長させて
社会保障のおめぐみを生活保護のおめぐみを」

というのを選挙の政策、お題目にして当選すれば、35兆円の社会保障費を１００兆円にして、もうお金がいくらあっても足りません。
日本国の税収は消費税を入れて60兆円です。
国力の弱った借金国債だらけの日本、もう東南アジアの中の日本の危機は来ています。

Ａ　一人暮らしの勝手気ままな日本　お金のない日本　国力のない日本
を選ぶか、

Ｂ　日本の独立の継続を国民全員で守るか
を選ぶか。

そのどちらかならば、もちろんＢを選ぶでしょう。

独立を継続するためには、当然自由や平等に制限があります。その中での自由であり平等で我慢しようではありませんか。

占領されている状態で、生きる権利なんて言ってられますか。

日本が他国に占領されて人権のない国になってしまえば、そこに自由平等はありません。

香港、台湾、日本の択捉、国後、色丹、歯舞、沖縄、先島諸島、尖閣諸島……日本の危機は間近にせまっています。

偉い政治家さん、東京大学法学部卒のお役人さん、学者さん、新聞社さん。

激しい論争をやるべきではないでしょうか。日本国を守る為に……。

特に新聞社さんは、日本の政治が、日本の社会が、正常であるか否かの見張り役でしょう。

そのために「言論の自由」も認められているのです。普段の例外Ｎｅｗｓばかり追っかけていては困ります。

なぜこうも社会保障費を上げて国政をやらねばならなくなったか……。

頭のいい政治家さん、役人さん、頭のいい人達の集団、他人に責任をなすり付けないで、予見しなかった、予見出来なかった責任をとって下さい。

個人の自由、人間の平等、生きる権利、個人の情報保護、気ままな生活を守っていたら、どれだけお金が必要か「予見出来ない」なんて言わせません。

今日現在、こうも社会保障費が増大して、政策費はあるのですか。今日の日本は国債（借金）を発行しまくります。ケインズ経済学では必ずお金の価値はガタ落ちするのです。

・日本国は危険水域にある
・日本経済は沈没する
・外国に日本の独立権は奪われる

「であるからこういう政策をやらねば！」という政治家、役人、学者、新聞社はいないのですか。

相続税の罪と食料自給率

相続税の改革は昭和三十年代頃から徐々に効力を発揮しはじめ、家族人数はドンドン減ってゆきます。

一世帯の平均人数

昭和５年	5.52人
〃 15年	6.6人
〃 20年	5.2人
〃 40年	4.1人
〃 50年	3.19人
平成２年	2.78人
〃 17年	2.38人
令和２年	2.21人

一家の家は小さくなり、大きな家に税金（固定資産税、相続税）で住めなくなりました。江戸・明治・大正・昭和二十年まで続いていた家族の集合体はなくなりました。

第三章で説明する囲み理論の、お金のかかる一人暮し形態です。

諸悪の根源と考えるのは相続税です。どこからもお金が入って来ないのに親がなくなると、親から財産をもらったから、当然所得である。所得があるとみなされ、田・畑・家・山（当然、入会権もはいっています）を売って税金を納めろと政府は取り立てます。30パーセントくらいの金額をとられるのです。

このような策が功を奏して、戦後の超インフレーションは沈静化しました。

これはあくまで戦時法であり、事を成せば当然なくなってしまうべき税金です。しかし相続税だけは残ったのです。日本の国土が、山が、集落が、人情が壊れていくのを知りながら、そしてそれを見ていながら、日本政府は安直にお金が入ってくるのをあてにして、75年間も相続税の制度を続けてしまったのです。

さてここで、相続税・固定資産税の弊害の実例を紹介しましょう。

○紀州和歌山の山もちの相続税

私は生涯をかけて大山林を守った。

私はその相続税を支払うだけで生涯が終わる──→私には人生何も残らなかった。

息子の代では山は中国籍の人間に売ることになるだろう。

○鎌倉市西御門《にしみかど》（雪ノ下のトナリ）

若宮八幡の北側、鎌倉宮（護良《もりよし》親王を祀ってある）のそばの４００坪の豪邸、村上邸は、相続出来ずに文化財として鎌倉市に寄贈したという悲しい話です。著者はその家の仕事をさせてもらいました。

○横浜の話

マッカーサーの農地解放で田んぼや畑を安く買った元小作の人達。

・固定資産税が高くて支払えない

←

・畑や田んぼを○○林業の○○ハウスの口車にのって貸家を建てて、家賃収入で楽な暮らし

←

・But所得税、固定資産税払うのがたいへん

←

・そして○○ハウスとの契約20年が終わると客が付かないのでアパート廃家

←

・土地を売って土地から逃げ出す

そういう人々を、私は多く見ました。

こうしてじわりじわりと大家族制度、家族制度は壊れていきました。そして小家族となった日本には、社会保障費の増大という、とてつもない問題が登場してきました。それは、食料自給率も同様です。

皆さん、食料自給率の減少についてご存知でしょうか？

食料自給率（供給熱量ベース）は、昭和二十五（一九五〇）年度には１００パーセントでしたが、その後一貫して低下しています。平成元（一九八九）年度に５割を割り込み、その後もさらに低下。ここ最近は30パーセント程度と言われています。

ウクライナ問題によって、穀物などの自給率が国家にとっていかに重大な問題であるかということを再認識させられた人も多かったと思います。しかし、一度減った自給率がどうしてそう簡単に復活出来るでしょうか？「外国の輸入食料がおいしい」なんて言ってられません。

これが、様々な税制や農地解放の延長線上にあったのだとしたら……?

この先、我々が何を大事にすべきか、もう一度考えようではありませんか。

お役人さんの給料と民間人の給料差

自由で勝手でお金がいっぱいもらえて、休日もいっぱい、会社の仕事量、世間の景気に左右されないお役人さんが、戦後のマッカーサー元帥の政策を受け継いで実行しているんですよね。

人数は多いし、労働時間は少なく、お金いっぱい最大の利益は仕事のあるなしではなく、我々庶民、職人は一日働いていくら、の世界です。自分の給料が稼げるか一番心配なのに、国民から税金の上がりを最初に取るのがお役人さんの特権。税金の先取りですよね。

残ったお金が政策経費になるんでしょ。

公務員労働者は民間労働者とくらべて一割以上も労働時間が少ないのが実態です。公務員給料、安定収入なのに、何で民間人に比べてこんなに高いの？

ここまでで、

・自由と平等

・個人の生きる権利

・個人の情報保護

莫大なお金がかかるの

現業公務員給与の民間との比較（年収ベース）

	平均年齢（歳）	年収（万円）
清掃職員（公）	43.8	730.0
廃棄物処理業従業員（民）	43.3	419.6
学校給食員（公）	46.0	589.2
調理師（民）	41.5	351.3
用務員（公）	47.7	635.7
用務員（民）	53.7	331.5
自動車運転手（公）	48.1	670.4
乗用自動車運転手（民）	52.5	387.8
守衛（公）	46.2	693.7
守衛（民）	58.2	363.1
電話交換手（公）	47.9	652.3
内線電話交換手（民）	41.4	305.0
バス運転手（公）	45.1	733.2
バス運転手（民）	45.3	449.7

※（公）は公務員、（民）は民間。総務省調べ

神奈川新聞　2007年7月4日付より

一般会計から支払われる公務員人件費

国家公務員
（1人当たり9.1百万円）
人　員　56.0万人
人件費　5.1兆円

- **行政機関**
  人　員　30.0万人
- **自衛官、特別機関**
  人　員　26.0万人

地方公務員
（1人当たり約9.6百万円）
人　員　242.1万人
人件費　23.5兆円

- **一般行政**
  人員　92.2万人
- **教育**
  （公立学校の教職員等）
  人　員　105.8万人
- **警察、消防等**
  人員　44.0万人

（注 1）国の行政機関及び特別機関の人員は、一般会計及び特別会計の定員の合計（平成24年度末予算定員）、自衛官は実員数、地方の人員は、『地方財政の状況（平成24年3月)』（総務省）による平成23年4月1日現在の職員数（普通会計分）。

（注 2）国の特別機関とは、裁判所、会計検査院及び人事院などを指す。

（注 3）人件費は、国は一般会計及び特別会計の合計（平成24年度予算ベース）、地方は『地方財政の状況（平成24年3月)』（総務省）の平成22年度普通会計決算額。

※28.6兆円も公務員300万人に支払っているんです。
1人割りにすると900万円から1000万円もの年俸で雇っているのです。公僕は我々の年収の2.5倍から3倍です。ならば結論として、特別会計企業群を売却し、民営化する。その売却益と、共済年金の中止、特別会計企業群に毎年出す補助金53兆円も税金から出さなくなれば、国債を買い戻して零円に近づけるのです。一般労働者と同じ、生き残りをかけて必死に働いて、税金を払ってもらおう。公務員の共済年金もなくなり我々と平等になる。これにまだ表に載っていない準公務員や特別会計の職員もいるんですよ。補助金の名目で53兆円も税金が使われているのです。

はおわかりですよね。

特に役人にはお金がかかります。
能率主義が入ってナイ。

国家財政は、これを管理する人間に、もの凄いお金かかります。

国民を大事にするのが日本の政治だ！
こういう風になって来ました。
もう日本国の独立は当たり前、アメリカが守ってくれるのだから。

・個人の平等　個人の自由　個人の生活　生きる権利

こういう個人、個人、個人に明け暮れる政治、一人暮し、この言葉を見ればお分かりでしょう。

巻頭に「囲みの理論」の写真を示しました。

1つを取り囲むお金は小家族、一人暮しになればなる程お金がかかるのと同じような表示です。

戦後のデータでは、大家族からドンドン小家族2、3人となってきました。

小家族になればなる程、社会保障費の増大は反比例して莫大になっていきました。

もう、社会保障費を支払うお金が国にはありません……。

第四章　囲みの理論

囲みの理論とは

先生１人に１００万円支払うとします。
先生５人に生徒１人が教わると、生徒の負担は５００万円です。
先生10人に生徒４人が教わると、生徒の負担はそれぞれ２５０万円です。
先生12人に生徒６人が教わると、生徒の負担はそれぞれ２００万円です。
先生14人に生徒９人が教わると、生徒の負担はそれぞれ約１５５万円です。
個人家庭教師より集団学校の方が教育費は少なくて済みます。
つまり、生徒が増えても、それを囲む先生が増えれば、それだけ負担は減るのです。

社会にあてはめると、
１人の人間を守る経費（社会保障費）　５００万円
６人の人間を守る経費（社会保障費）　２００万円

囲みの理論　白＝先生　黒＝生徒

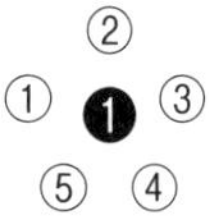

$$\frac{5\text{人}\times 100\text{万円}}{1\text{人}}=500\text{万円}$$

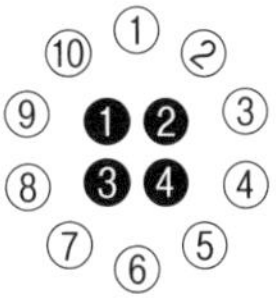

$$\frac{10\text{人}\times 100\text{万円}}{4\text{人}}=250\text{万円}$$

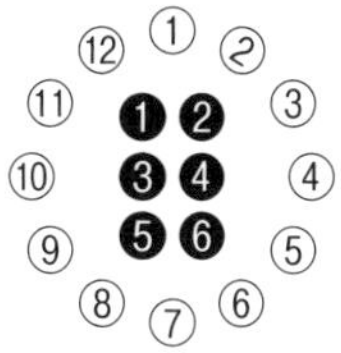

$$\frac{12\text{人}\times 100\text{万円}}{6\text{人}}=200\text{万円}$$

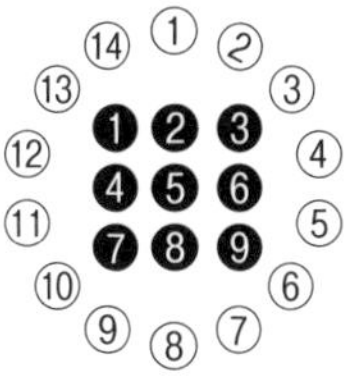

$$\frac{14\text{人}\times 100\text{万円}}{9\text{人}}\fallingdotseq 155\text{万円}$$

ということなのです。

「おーい森下、お前の囲みの理論があったら、安倍元首相の銃撃殺人事件はありえないよな！」

友達から言われました。

元首相が凶弾に倒れて亡くなるという衝撃的事件。このような事件が起きる現在、人間の生き方が間違っているのではないですか。

大家族の中の一人だったら、その一人はピストルなんか作っていられません。和男、何してるんだ！で終りでしょう。

個人には生きる権利がある。

そこには、誰にも侵されない自由と平等があるんだ。

今のあなたの生き方が、今の日本をダメにしているのではないでしょうか。

猿も、鹿も、野生の動物たちは、みな共同で生きています。

桧《ひのき》も杉も草も、植物はみな共同で群で育ち、そして自分たちの命を伝えています。

間も動物や植物と同じ生物として考えると、みんな仲よく共同生活を送ることが自然ではないでしょうか。

個人の権利だけが声高に叫ばれる現代。人間も、もう一度生き方を考えなければならない時に来ているのではないでしょうか。

そんなに難しい話ではありません。

「囲みの理論」は人間の生き方の原点なのです。

人間だけに生きる権利があって、地球の生物を滅亡させてもいいという理由はありません。

具体的提案

戦後75年、慣れてしまった小人数家族。

しかし、一人暮しはやめましょう。

苦しいでしょうが、何としても大家族にもどしましょう。

その大家族の中に報奨金を付けて生活保護をまかせましょう。

一度家族から離れた人たちが5人～10人で集団生活チームを作るのも妙案です。国の褒賞の対象にしましょう。

相続税を廃止しましょう、固定資産税を廃止しましょう。

75年前の家族の姿に戻りましょう。

現在の状況では、県、市、町、村といった行政は必要なくなってしまいます。

囲みの理論はそのための警告です。

県、市、町、村は、チーム・集団といった人の集合体をつくってチーム生活を送らせ、人々が住みやすくするための機関でしょう。

大家族を奨励して褒賞金を与え、固定資産税を無くし、相続税を無くす。

その家長には子供、一族を守る義務を命ずる。

学校教育には大家族のいいところを教える。

その政策が70年続けば、笑いのある家族が生まれます。

やがては義理と人情のある人間関係、譲り譲られ、もちつもたれつで笑顔の日本人が育ちます。

社会保障費を減らすにはそれしかありません。

しかも、そうすることで、緑の山、美しい田畑さえ戻ってくるのです。

相続税、固定資産税は、日本国を、日本経済を壊そうとしています。

役人も政治家もわかって下さい。

固定資産税を廃止することで、家を大きくすることが可能です。小さな30坪の家から100坪の家になるのです。賃貸住宅ならば壁を抜いて2軒を1軒にするのです。1軒の貸家なら上下をぶち抜いて1戸貸家にするのです。

そこに、6人や5人の大家族で住み、病気の療養、学校生活等、みんなで協力して家を守るんです。

歳をとってからは、家を出て一人暮しになった娘、息子を家に入れて、生活の面倒をみてもらうのです。

もちろん、学校教育も大事です。義理と人情、助け助けられ譲り譲られの人情を学校でしっかり教えるのです。それが日本の国というものです。それを作り直すのです。活発なご近所づきあいで近隣の人がまとまり、トナリ組が復活することで犯罪は激減します。

町内会が一つにまとまり、村が一つにまとまり、町が一つにまとまり、市が一つにまとまる。そして国がまとまれば、社会保障費は激減して、健全な財政運営が行われていた江戸・明治・大正・昭和の日本国が出来ます。

公務員、役人は減らして、生活グループの最小単位である家族、トナリ組、町内会優先で生きていくことで、それは可能なのです。トナリの家の人の名前も顔も知らないなんて人間として恥です。

一億人がバラバラに個人の自由、平等と言っていたら、いざ侵略国が来ても何もできません。一致団結して、自分達の住まい、住む土地、日本の領土を守らなくてはなりません。

「俺はやだよ」

「そんな危ないところ、行かないよ」

それでは、日本の国は守れません

最悪の場合、日本という国はなくなってしまいます。これが個人の自由・個人の保護の結末でしょうか？

第五章　未来の子供たちへ

日本国土の山に緑がなくなれば、それは今世界中でさわがれている地球温暖化を助長することになります。

そしてどんどん開発が進むということは、大きな土地の相続が出来ないということになります。

美しい日本の緑の山々も、固定資産税と相続税の餌食になったのではないでしょうか?

取ったお金、税金で緑の山を作るというならともかく、公務員、役人の生活費として使われるのなんかもっての他、直ちに廃止すべきです。

緑の山は人間が排出した二酸化炭素を、光合成で酸素にして地球に戻しているんですよ。緑の山がいかに大事か、固定資産税と相続税がそれをダメにしている。お分かりですよね。でも政府はそれらを廃止しません。

「法律ですから」と。

実際に横浜であった話をします。

大きな土地持ちの農家。

「昔、私が嫁に来た時はあの山の建売はみんなうちの山でした。あの小川の向こうも。今では大きな大きな母屋があるだけになってしまいました。しかし、固定資産税が高くて、また土地を売らなければなりません」

ご主人が亡くなり、子供は出て行って、今は80歳の彼女が一人で住んでいます。相続ではうんとお金を取られ、日々毎日暮らすにも固定資産税が山のようで、とても生きてはゆけません。また売らねばならないと嘆いています。

それでも自民党に投票する悲しい運命です。

まさに日本国政府の政策です。日本国の人々を殺し、国を潰しまくる政策です。これに国民が賛成しているのは、国民がこの事態を知らないということでしょうか。

東大法学部卒の財務省の役人は、この事態を見ることが出来ないくらいの能力しか持っていないのでしょうか……。

日本という国は、どこに向かっているのでしょうか。

いま世界では、未来の子供たちのために、持続可能な社会を目指していると言います。しかし、このような有り様で、日本は本当にそんな社会を目指せるのでしょうか？

そして、第二章で書きました「食料自給率」が30パーセント程度という問題。今後、東アジアで紛争が起き、輸入が難しくなったらどうするのでしょうか？　本来自然と食料が豊かだった日本はどこにいったのでしょうか。

短時間で復活するものではないかもしれません。しかし今からでも進めなければ、食料を自給できない未来の日本の子供たちはどうなるのでしょうか？

それでもＧＤＰを増やすには、人口を増やすんだ。そうすればＧＤＰは増える。そうすれば消費税は増えるんだ。個人情報の秘密とか生きる権利とかの方が、ずっとお金がかかるのです。

安倍元首相の三本の矢政策です。でも成功しませんでした。

反動で社会保障費が増えるばかりです。

人口を増やせば、社会保障費はどんどん増えます。ただ人を増やしてＧＤＰを増やすんだ、というのは、社会保障費という経費が増えるのを考えているんですか？

第六章　まとめ

社会保障のお金がドンドン増えて
財政は大赤字だ、税収を増やそう

孫子の兵法に
城を攻むるに
まず表門を攻めよ
次に搦手《からめて》から攻めよ
の言葉あり

安倍さんの作戦、税収を増やすには
ＧＤＰを増やせ
三本の矢だ

その作戦に日銀の貸出金利を０円に
そうすれば市中にお金が出回り
経済活動が活発に
ＧＤＰは増える
でも円の価値は下がって物価はインフレ状態です
これは何年やっても10年やってもＧＤＰは増えませんでした
三本の矢政策
失敗です

国税増やすなら、国民を大事に元気にさせた方がgoodでしょう
国税は使わない、社会保障は家族にまかせる
これは私の提言です

消費税10％にしてもダメ

今度はインボイス制度導入で消費税増税だ
↓こんなもの国民がちぢこまるだけ
↓また景気が悪くなる

国民庶民に社会保障（生活保護）を任せたらいかがですか、大家族にはご褒美を
固定資産税―０円
相続税―０円

インフレは恐いですよ
国民に対する課税率は世界一です。日本国政府さん
わかってますよね
もう増税は限界では

財務省役人さん
言い訳、屁理屈はいくらでもあるでしょ！　でも世界一です
これこそ孫子の兵法です。
「城を攻むるにまず表門を、そして搦手を全力で攻めるべし」
＝国民を守ろうみんなで
これと同じ手順が
大家族──大きい家の復活
↓
そして大家族になったら報奨金を出そう
日本国は大家族を大事にしよう

終章　おわりに

森下の緊急レポート

このままでは　日本国は
インボイス制度による大増税で潰されます。
日本の国民は皆心配しています。
泣いています。
もっとインボイス制度について
国民と論議して下さい

現政府　政治家
現国家公務員Ⅰ種役人に壊される
日本国の独立は危うくなります

世界は動いています
その時・提言です

日本の骨となる大きな家
その人々
何億円もの税金を取られ
相続税
固定資産税
土地を・家を分割されても未だ国家政府にしっぽを振って付いて行くのですか
日本の国をいつまでも
日本の国の独立をいつまでも守りませんか
社会保障費が急激に増加した
その反対の道をさがして社会保障費を減らして
日本国の独立を日本国の財政を守ろうではないか！

どうか宜しくお願い
国家税収と国家支出のプライマルバランスを元にもどして
黒字国家経営をしてください
何度でも言いたい結びの言葉です

昭和人からの応援歌です

消費税は減税できる

昭和前期からの伝言
甦れ日本
国債発行なしの社会をつくろう

さあやってみよう　ゲームだ！
大家族になって報奨金をもらうんだ
ワーイ　みんなで箱根温泉に行けるぞ！
社会保障費下がったら消費税下がるんだ
役人減ったら消費税下がるんだ

著者プロフィール

森下 正勝（もりした まさかつ）

昭和18（1943）年、横浜市南区生まれ。

昭和41（1966）年、中央大学商学部卒業。卒業後、千代田区神田猿楽町の畳店に見習いに入る。

昭和44（1969）年、横浜市の戸塚に本社を移転し、現在、森下和装工業株式会社代表取締役。

平成19（2007）年3月、神奈川大学法学部（夜間）卒業。

Y校硬式野球部（横浜商業）から今日を目指して職人に懸けた「一生」。職人になろうと質実剛健を旨とし誠を尽くす。

■著書
『改訂版 もう一度つくりなおそう 美しい国日本 消費税を上げなくても社会保障費は抑えられる』（文芸社、2009年）
『マッカーサーの占領政策は本当に日本を再生させたのか 1945年より日本人の心は変えられてしまった』（文芸社、2011年）
『東京維新 国の台所事情をやさしく解説』（文芸社、2014年）
『改訂版 戦後日本の光と影 国家財政論 財務省は今すぐ解体せよ！』（文芸社、2018年）
『復刊「借金大国日本」の再生に秘策あり 消費税を3%にすれば国民はよみがえる』（文芸社、2020年）

改訂版　消費税は減税できる！　インボイス制度は実質増税だ！

2023年10月30日　初版第1刷発行

著　者　森下 正勝
発行者　瓜谷 綱延
発行所　株式会社文芸社
〒160-0022 東京都新宿区新宿1－10－1
電話 03-5369-3060（代表）
03-5369-2299（販売）

印刷所　図書印刷株式会社

ISBN978-4-286-25162-2　　JASRAC 出2307057－301